LE **DIABÈTE**
CHEZ L'ENFANT

Louis Geoffroy
Monique Gonthier

LE **DIABÈTE**
CHEZ L'ENFANT

Éditions du
CHU Sainte-Justine

Catalogage avant publication de Bibliothèque et Archives nationales du Québec et Bibliothèque et Archives Canada

Geoffroy, Louis

    Le diabète chez l'enfant

    (Questions réponses pour les parents)

    Comprend des réf. bibliogr.

    ISBN 978-2-89619-153-6

    1. Diabète chez l'enfant - Miscellanées. 2. Diabète - Traitement - Miscellanées. 3. Diabète chez l'enfant - Diétothérapie - Miscellanées. I. Gonthier, Monique. II. Titre. III. Collection: Questions réponses pour les parents.

RJ420.G46 2009   618.92'462   C2009-940295-5

Conception graphique : Nicole Tétreault
Photo de la page couverture : Nancy Lessard
Photos intérieures : Claude Dolbec, Louis Geoffroy, Nancy Lessard

Diffusion-Distribution :
        au Québec – Prologue inc.
        en France – CEDIF (diffusion) – Daudin (distribution)
        en Belgique et au Luxembourg – SDL Caravelle
        en Suisse – Servidis S.A.

Éditions du CHU Sainte-Justine
3175, chemin de la Côte-Sainte-Catherine
Montréal (Québec) H3T 1C5
Téléphone : (514) 345-4671 • Télécopieur : (514) 345-4631
www.chu-sainte-justine.org/editions

Dépôt légal : Bibliothèque et Archives nationales du Québec, 2009
               Bibliothèque et Archives Canada, 2009

La Fondation de l'Hôpital Sainte-Justine remercie les généreux donateurs qui ont contribué au projet *UniverSanté des familles* et qui ont permis de réaliser cette nouvelle collection pour les familles.

Merci d'agir pour l'amour des enfants !

Sommaire

L'insuline

L'alimentation

L'exercice

Diabète et maladies de l'enfant

Supervision et autonomie

Préface

Nous connaissons tous au moins une personne diabétique ; notre grand-mère, un voisin, un vieil oncle. Mais, apprendre qu'un jeune de 10 ans, 5 ans ou même 2 ans en est atteint est plus surprenant et génère bien des interrogations.

Qu'est-ce que cette maladie qui atteint les jeunes et pourquoi le traitement semble-t-il si compliqué ? Quelles sont les notions essentielles à comprendre pour pouvoir s'occuper d'un enfant diabétique en toute sécurité ? Voilà des questions qui préoccupent tous ceux qui côtoient un enfant diabétique.

Le livre s'adresse d'abord aux familles qui font face à ce nouveau diagnostic. Elles devront compléter leurs connaissances en suivant des cours sur le diabète, mais nous espérons répondre à leurs premières inquiétudes.

Le livre s'adresse aussi à toute personne désireuse de comprendre et d'aider les familles d'un enfant diabétique. Les intervenants qui gravitent autour de l'enfant diabétique et sa famille, grands-parents, amis, éducateurs, gardiennes, entraîneurs de sports… y trouveront des explications simples sur le traitement du diabète et des outils pour aider l'enfant et sa famille.

Les auteurs remercient Ann Gilad, nutritionniste, et Lucie Desjardins, travailleuse sociale, pour leurs précieux conseils. Merci également aux parents et aux enfants diabétiques qui nous inspirent par leur courage et leur détermination.

Qu'est-ce le diabète ?

▸ **Qu'est-ce que le diabète ?**

Le diabète est une maladie chronique caractérisée par une élévation de la glycémie (taux de sucre dans le sang). Il y a essentiellement deux types de diabète, le diabète de type 1 et le diabète de type 2. D'autres types de diabète existent aussi : mentionnons le diabète gestationnel, appelé aussi diabète de grossesse, certaines formes de diabète secondaire à d'autres maladies (comme la fibrose kystique) ou à certains médicaments. Ils ont tous le même impact, soit une augmentation du taux de sucre dans le sang.

▸ **Que se passe-t-il quand on a le diabète de type 1 ?**

Dans le diabète de type 1, la cause du taux de sucre élevé se situe au niveau du pancréas. Cet organe sécrète, entre autres, une hormone appelée insuline. C'est cette hormone qui est déficiente.

En temps normal, le sucre, aliment primordial pour notre organisme, est absorbé lors de la digestion, transporté par les vaisseaux sanguins et incorporé dans les cellules qui s'en servent comme combustible. L'insuline joue en quelque sorte le rôle d'une clé qui permet d'ouvrir une porte pour que le sucre puisse entrer à l'intérieur de la cellule. Chez une personne diabétique de type 1, en raison du manque d'insuline, le sucre ne peut être incorporé par les cellules et celui-ci reste « emprisonné » dans les vaisseaux sanguins. C'est pour cette raison que le taux de sucre est élevé dans le sang.

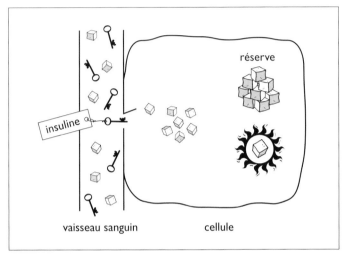

réserve

insuline

vaisseau sanguin   cellule

Action de l'insuline – On peut considérer l'insuline comme la clé qui permet au glucose de pénétrer dans les cellules.

Quand le taux de sucre est très élevé dans le sang, les reins ne peuvent retenir tout ce sucre et les urines en deviennent chargées. Cela a comme conséquence que l'enfant diabétique urine beaucoup. Comme il perd alors beaucoup de liquides, l'organisme tente de compenser cette perte d'eau en augmentant le réflexe de la soif. Enfin, comme les cellules sont incapables d'absorber le sucre, nourriture essentielle au bon métabolisme de l'organisme, on observe une perte de poids. D'où les trois symptômes classiques observés au diagnostic : **l'enfant urine beaucoup, boit beaucoup et perd du poids, malgré un appétit augmenté ou conservé.** La très grande majorité des enfants diabétiques présente un diabète de type 1.

▶ Que se passe-t-il quand on a le diabète de type 2 ?

Dans le diabète de type 2, l'insuline est présente, mais le problème se situe au niveau des cellules qui ont développé une résistance face au message envoyé par l'insuline. Le résultat est le même : les cellules ne peuvent absorber le sucre de façon efficace et celui-ci s'accumule dans le sang. Les cellules du pancréas sécrètent encore de l'insuline, mais en quantité inappropriée en regard des besoins. En général, les individus atteints sont des adultes obèses. Cependant, le diabète de type 2 tend à augmenter chez les jeunes à cause de l'obésité et de la sédentarité.

▶ Est-ce que le diabète est fréquent ?

Oui. Le diabète est l'une des maladies chroniques les plus fréquentes. En Amérique du Nord, une personne sur vingt est diabétique. La grande majorité de ces diabétiques sont cependant de type 2.

Bien que plus rare que le diabète de type 2, le diabète de type 1 est l'une des maladies chroniques les plus fréquentes chez l'enfant et sa fréquence varie selon les régions du globe, les pays scandinaves ayant le plus haut taux de diabète chez l'enfant. Autant en Europe qu'au Canada, l'incidence semble avoir augmenté au cours des vingt dernières années. Les raisons de cette augmentation ne sont pas connues.

Par ailleurs, le risque d'avoir un deuxième enfant diabétique dans la même famille est de l'ordre de 4 %.

▶ **Connaît-on la cause du diabète ?**

La cause n'est pas tout à fait claire dans le diabète de type 1. Elle l'est beaucoup plus en ce qui concerne le diabète de type 2.

Pour ce qui est du diabète de type 1, il n'y a pas une seule cause au diabète. Celle-ci est multifactorielle. À la base, l'enfant a un certain bagage génétique qui le prédispose à devenir diabétique. Puis, certains facteurs encore mal établis (virus, aliments, etc.) peuvent déclencher une réaction immunitaire anormale qui a comme conséquence finale la destruction de certaines cellules spécifiques du pancréas qui produisent habituellement l'insuline. Le bagage génétique n'étant qu'un des multiples facteurs menant au diabète de type 1, il est très commun qu'aucun autre diabétique ne soit connu dans la famille d'un enfant diabétique. Il faut savoir que le fait de manger beaucoup de sucreries n'augmente pas le risque de diabète de type 1.

Le diabète n'est pas contagieux. Ceci peut sembler évident pour un adulte, mais pas nécessairement pour un enfant.

En ce qui concerne le diabète de type 2, celui-ci est fortement héréditaire. L'obésité et le manque d'exercice sont des causes majeures du déclenchement du diabète de type 2 dans cette population à risque.

▶ **Peut-on prévenir le diabète ?**

À l'heure actuelle, nous ne connaissons aucune façon de prévenir le diabète de type 1.

Des stratégies pour diminuer l'incidence d'obésité et augmenter le niveau d'activité physique sont essentielles pour prévenir le diabète de type 2.

▸ Y a-t-il des diabètes plus sévères que d'autres ?

Les diabètes de type 1 sont, par définition, tous sévères, car la déficience en insuline est dans tous les cas quasi totale. Il faut savoir, cependant, que dans les mois suivant le diagnostic du diabète, il y a souvent une phase de rémission qui peut durer de quelques mois à deux ans. Durant cette période, le pancréas a encore la possibilité de sécréter une certaine quantité d'insuline. Le diabète peut alors être contrôlé relativement facilement.

La situation est différente pour le diabète de type 2 où on peut parler effectivement de diabètes plus ou moins sévères.

▸ Comment fait-on le diagnostic du diabète ?

Chez le jeune qui présente un diabète de type 1, les symptômes sont en général assez clairs : il boit beaucoup plus que d'habitude, urine beaucoup plus souvent ou a même de l'incontinence urinaire et il maigrit alors que son appétit est intact, sinon augmenté.

Ces symptômes se développent assez rapidement, en quelques semaines ou quelques mois.

Si le jeune présente des symptômes potentiels de diabète, le diagnostic doit être rapidement confirmé par un test de laboratoire où l'on vérifie son taux de sucre dans le sang (glycémie). Celui-ci sera en général très élevé. Chez une personne non diabétique, la glycémie à jeun est normalement de moins de 5,6 mmol/L.

▶ **Quelles sont les conséquences à court terme du diabète ?**

Lorsque le traitement n'est pas encore amorcé, les cellules, qui n'ont plus accès à leur source d'énergie principale, doivent utiliser leur réserve, telles les graisses. La personne se met donc à maigrir, elle est plus fatiguée et devient de plus en plus malade. Cette dégradation peut être relativement rapide dans le cas d'un diabète de type 1. Lorsque le corps doit utiliser ses réserves de graisse, certains déchets sont produits. Ces déchets sont des produits acides. L'accumulation de ces corps dans l'organisme peut provoquer une condition aiguë et sérieuse appelée acidose diabétique. En état d'acidose, la glycémie est élevée, l'urine montre la présence d'acétone et le sang devient acide (le pH diminue). L'enfant se déshydrate, vomit et peut respirer plus vite. Éventuellement, son état de conscience peut s'altérer. Non traitée, l'acidose diabétique peut conduire au décès rapidement (en quelques jours).

Cette dégradation rapide de l'état menant à l'acidose peut aussi survenir une fois que le diabète est traité. Cette cascade peut se produire si l'organisme manque d'insuline. Ainsi, l'enfant qui oublie régulièrement des doses d'insuline peut voir sa condition se dégrader. Lors d'une infection, les besoins en insuline sont plus élevés ; dans ce cas, un diabétique déjà mal contrôlé peut aussi voir sa condition évoluer vers l'acidose. Tout jeune diabétique qui recommence à boire beaucoup, à uriner beaucoup et à maigrir est à surveiller de très près. En présence de glycémie élevée et d'acétone dans l'urine ou dans le sang, il faut éliminer la possibilité d'une acidose. Il est donc nécessaire de consulter le médecin.

Les vomissements peuvent être un signe que le jeune diabétique est en acidose. Il faut garder en tête cette possibilité, surtout si ces vomissements ne sont pas accompagnés de diarrhées. Il est alors nécessaire de vérifier la glycémie et le taux d'acétone et, dans le doute, de consulter un médecin.

▸ **Quelles sont les conséquences à long terme du diabète ?**

À long terme, si le taux de sucre demeure élevé dans les vaisseaux, le diabète peut entraîner des complications sérieuses. C'est le grand danger de cette maladie. Les complications sont directement liées au contrôle métabolique, mais d'autres facteurs sont moins bien connus. Comme ces complications n'apparaissent qu'après 10, 15 ou 20 ans, il est difficile pour le diabétique de se motiver à conserver la meilleure glycémie possible ; en effet, les glycémies modérément élevées ne donnent quasiment aucun symptôme à court terme.

Il y a plusieurs types de complications. Mentionnons l'atteinte des petits vaisseaux sanguins des yeux qui peut conduire à la cécité, l'atteinte des reins qui peut évoluer vers l'insuffisance rénale, l'atteinte des nerfs et l'atteinte des gros vaisseaux sanguins qui augmente le risque de maladies cardiaques.

Le soin des pieds est particulièrement important chez les adultes ayant une mauvaise circulation sanguine et une atteinte des nerfs, car les infections aux pieds sont plus fréquentes et peuvent mener à la gangrène et à l'amputation. Cependant, chez le jeune diabétique qui a une bonne circulation sanguine, ce risque est très faible.

On peut atténuer le risque de complication en gardant un bon contrôle du diabète. Meilleur est le contrôle, plus grandes sont les chances de ne pas développer de complications. Cet aspect est difficile à comprendre pour un jeune ; en effet, la notion de complications qui pourraient survenir après 10 ou 20 ans d'évolution du diabète est trop abstraite pour le motiver à bien s'occuper de sa maladie.

Les grands principes du traitement du diabète type 1

▸ **Peut-on guérir le diabète de l'enfant et de l'adolescent ?**

Actuellement, nous ne pouvons pas guérir le diabète. Celui qui touche l'enfant et l'adolescent est presque toujours un diabète de type 1 et l'insuline est le seul traitement qui peut assurer la survie.

La perte des cellules productrices d'insuline est définitive et nous n'avons pour l'instant aucun moyen de guérir ces cellules ou de les remplacer. Le diabète est donc une maladie chronique et le traitement à l'insuline est permanent.

▸ **Comment traite-t-on le diabète de l'enfant ?**

Le diabète se traite avec de l'insuline, mais le traitement ne consiste pas uniquement en cela. Il comprend un ensemble de mesures qui visent à fournir à tout moment à l'organisme la bonne quantité d'insuline et à maintenir un taux de sucre dans le sang le plus près possible de la normale.

> ### À retenir
> L'insuline est le seul traitement qui assure la survie de l'enfant diabétique.

Le traitement consiste à maintenir un juste équilibre entre les facteurs qui augmentent et les facteurs qui diminuent la glycémie. L'alimentation et l'insuline sont les principaux facteurs qui influencent les taux de sucre, mais il y a aussi d'autres facteurs à considérer.

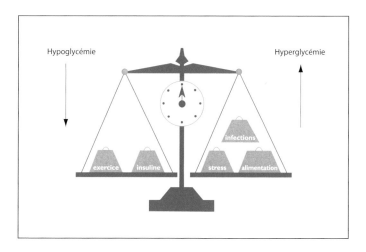

La prise en charge du diabète repose sur un ensemble de mesures qui se complètent et sont toutes nécessaires.

a) La prescription d'un régime insulinique approprié.

b) Un plan alimentaire répondant aux besoins de l'enfant.

c) La surveillance régulière des glycémies, plusieurs fois par jour.

d) Un programme d'enseignement pour apprendre à bien gérer la maladie au quotidien (exercice physique, maladie, sorties, etc.).

L'insuline

▶ Qu'est-ce que l'insuline ?

L'insuline est une hormone sécrétée par le pancréas. La composition de cette hormone (une série d'acides aminés) varie légèrement d'une espèce animale à l'autre. L'insuline de chaque espèce animale est donc spécifique.

Autrefois, on avait recours à de l'insuline extraite des pancréas de bœuf ou de porc pour traiter les diabétiques. Depuis le début des années 1980, on utilise de l'insuline fabriquée en laboratoire. L'insuline utilisée pour le traitement du diabète est une copie exacte de l'insuline humaine ; ce n'est pas une protéine étrangère au corps humain.

▶ Peut-on donner l'insuline en comprimés ?

Non, car l'insuline est dégradée au niveau du tube digestif. Actuellement, la seule façon de donner l'insuline est en injection sous-cutanée.

▶ Comment se donne l'insuline ?

L'insuline se donne par injection sous-cutanée, c'est-à-dire sous la peau. Les injections peuvent se donner sur le haut des bras, à l'abdomen, sur les fesses ou sur les cuisses. L'insuline stimule la production de tissus graisseux. Si l'insuline est donnée continuellement au même endroit, cela peut provoquer l'apparition de bosses de graisse. L'absorption de l'insuline est alors perturbée. Il est donc d'important de varier les sites d'injection.

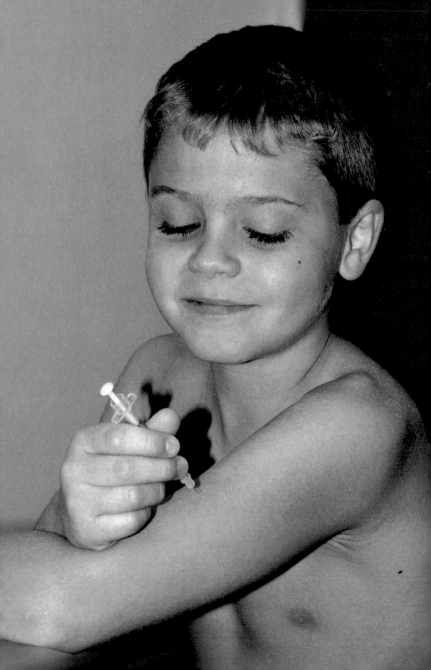

▶ **Est-ce que les injections sont douloureuses ?**

Elles ne le sont pas vraiment. Les aiguilles avec lesquelles les injections sont données sont très fines et la douleur est quasi absente. L'intensité de la douleur perçue varie cependant d'un individu à l'autre ; il ne faut pas sous-estimer cette douleur si l'enfant s'en plaint.

L'anxiété de l'enfant ou des parents peut contribuer à la perception de cette douleur. Si la douleur ressentie semble difficile à accepter, il ne faut pas hésiter à en discuter avec un membre de l'équipe traitante.

Il y a plusieurs dispositifs sur le marché pour injecter l'insuline. En plus des seringues classiques, il y a des stylos injecteurs qui facilitent l'injection, car l'insuline est incorporée à ces stylos. La manipulation de l'insuline est alors simplifiée et cela a comme résultat qu'il devient aisé de donner l'insuline au restaurant, à l'école ou chez un ami. L'administration de l'insuline peut aussi être donnée par une pompe à insuline.

▶ **Qu'est-ce qui différencie les sortes d'insuline ?**

La différence principale entre les insulines réside dans leurs durées d'action. La combinaison d'insuline avec différentes durées d'action permet de s'assurer que le corps reçoit suffisamment d'insuline durant toute la journée. Ainsi, on peut classer l'insuline en quatre groupes :

- Les insulines à action ultrarapide : dans ce groupe, on retrouve les marques suivantes : Novorapid®, Novolog® Apidra® et Humalog®. Leur début d'action est de 5 à 10 minutes, le pic d'action survient 1 à 2 heures plus tard et la durée totale d'action est de 3 à 4 heures.

- Les insulines à action rapide : dans ce groupe, on retrouve l'insuline Toronto® ou R®. Leur début d'action est de 20 à 30 minutes, le pic d'action survient 2 à 4 plus tard et la durée totale d'action est de 4 à 6 heures.

- Les insulines à action intermédiaire : dans ce groupe, on retrouve l'insuline NPH ou N®. Leur début d'action est de 1 à 2 heures, le pic d'action survient 4 à 8 heures plus tard et la durée totale d'action est de 12 à 13 heures.

- Les insulines à action lente : dans ce groupe, on retrouve l'insuline Lantus® ou Levemir®. Ces insulines ont peu ou pas de pic et leur durée d'action est de 20 à 24 heures.

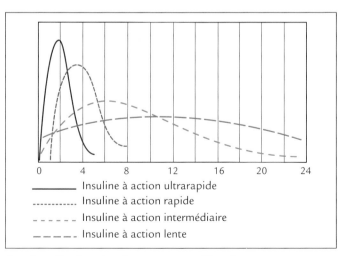

Courbes d'action des diverses sortes d'insuline

▸ **Pourquoi l'enfant doit-il prendre de l'insuline plusieurs fois par jour ?**

Le but de tout traitement à l'insuline est de reproduire le plus fidèlement possible la façon dont fonctionne le pancréas.

Voyons d'abord ce qui se passe chez la personne non diabétique.

La sécrétion d'insuline par le pancréas varie durant la journée. On distingue :

1. le niveau de base qui correspond aux besoins métaboliques : ce sont les besoins de base du corps. On a besoin d'insuline à tout moment, même la nuit, pour assurer nos fonctions vitales.

2. des pics d'insuline au moment des repas. Ces augmentations d'insuline sont parfaitement coordonnées à la prise d'aliments.

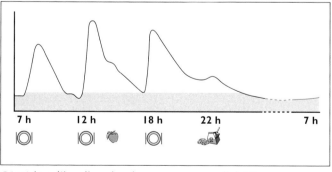

Sécrétion d'insuline chez la personne non diabétique

Grâce à cette sécrétion bien précise, la glycémie normale chez la personne non diabétique varie peu : elle est de 4 à 5,6 mmol/L à jeun et inférieure à 7,9 mmol/L, 2 heures après les repas

Voilà ce que l'on tente de reproduire chez l'enfant diabétique en donnant l'insuline.

Il est donc important d'avoir toujours de l'insuline en circulation et des pics d'insuline correspondant aux apports alimentaires. Différentes combinaisons d'insuline sont possibles. Le médecin déterminera avec chacun le meilleur régime insulinique à utiliser. Les régimes les plus fréquemment utilisés sont les suivants :

1. L'utilisation d'une insuline à longue action qui constitue le taux basal, combinée avec des injections d'insuline à action rapide ou ultrarapide avant chaque repas : cette formule permet d'ajuster l'insuline à chaque repas en fonction de ce que l'on désire manger.

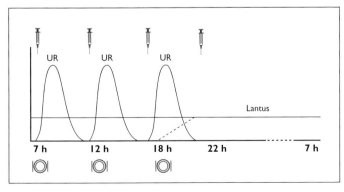

Régime insulinique basal-bolus

2. L'utilisation d'un mélange d'insuline rapide ou ultrarapide et d'insuline intermédiaire le matin, une insuline rapide ou ultrarapide au souper et une insuline intermédiaire au coucher ou parfois au souper. Cette formule permet d'éviter l'injection à l'heure du repas du midi, ce qui est bien pratique pour l'enfant qui fréquente l'école ou la garderie.

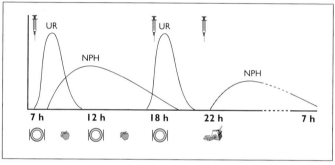

Régime insulinique : 3 injections par jour

▸ Qu'est-ce que la pompe à insuline ?

La pompe à insuline est un dispositif mécanique de la taille d'un téléphone cellulaire qui injecte l'insuline par un petit tube de plastique inséré sous la peau. Cette pompe, portée en général à la ceinture, injecte sur un mode automatique une certaine partie de l'insuline ; par ailleurs, c'est le jeune qui décide d'injecter l'autre partie au moment de la prise d'aliments ou pour corriger une hyperglycémie. Ce dispositif rend souvent la vie plus agréable au jeune diabétique et peut aussi améliorer le contrôle si les nombreuses fonctions de la pompe sont utilisées à leur plein potentiel. Cette pompe n'est pas

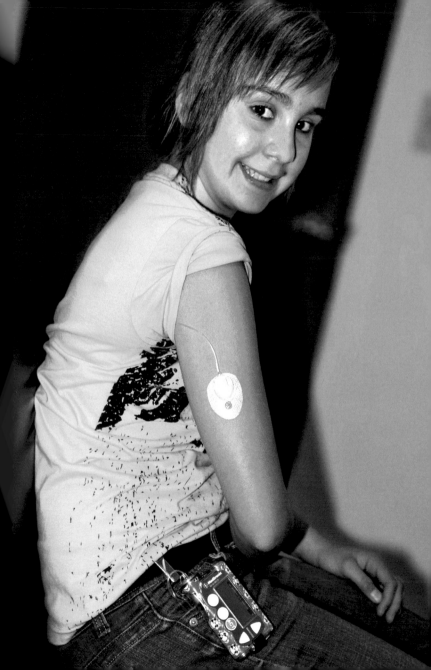

intelligente, ce n'est pas un pancréas artificiel. Il faut continuer à être proactif dans la gestion du diabète et faire des glycémies aussi souvent.

La pompe à insuline est un système de plus en plus populaire et est utilisée depuis de nombreuses années. Tous les groupes d'âge peuvent y avoir accès, autant les jeunes enfants que les adolescents.

▶ **Pourquoi la dose d'insuline varie-t-elle ?**

La dose d'insuline doit constamment être réajustée. Deux raisons expliquent ce besoin.

1. La quantité d'insuline nécessaire par jour varie selon plusieurs facteurs : la croissance, le niveau d'activité, le stade pubertaire, etc. Il est important de fournir à tout moment la quantité exacte d'insuline dont le corps a besoin. On comprend que la dose totale d'insuline nécessaire par jour augmentera à mesure que l'enfant grandit. C'est durant la puberté que la dose maximale par jour est atteinte.

2. On doit aussi prendre des décisions au jour le jour en variant l'insuline selon les résultats de glycémie et selon les apports caloriques.

De nombreux facteurs influencent la glycémie mais, de façon générale, si les glycémies sont hautes, il n'y a peut-être pas assez d'insuline. À l'inverse, si les glycémies sont trop basses (voir la section portant sur les hypoglycémies), la dose d'insuline est peut-être trop forte.

Avant d'ajuster l'insuline, il faut s'assurer que le problème ne s'explique pas par d'autres facteurs, comme l'alimentation par exemple.

Il est important d'avoir reçu une formation adéquate avant de commencer à ajuster soi-même les doses d'insuline.

▶ **Est-ce que la médecine alternative peut remplacer le traitement à l'insuline ?**

Lorsque nous parlons de médecine alternative, nous pensons à un type de médecine autre que la médecine traditionnelle, par exemple la phytothérapie (médecine par les plantes), l'homéopathie, la naturopathie, etc. Aucun traitement de médecine alternative ne peut remplacer le traitement du diabète par l'insuline. Aucune étude ne démontre les bienfaits de l'homéopathie, de l'acupuncture ou des autres médecines alternatives en ce qui concerne le diabète. Il est dangereux, voire mortel, de remplacer le traitement à l'insuline par d'autres thérapies. L'organisme ne peut survivre que quelques jours sans insuline.

▶ **Est-ce que certains produits pourraient aider au traitement du diabète ?**

Il est régulièrement fait mention dans la presse de certains produits ou vitamines qui pourraient améliorer le contrôle des glycémies. Mentionnons le chromium, le magnésium, le zinc, le vanadium ou le ginseng. À ce jour, il n'y a aucune organisation officielle qui recommande l'utilisation de ces substances dans le traitement standard du diabète. De plus, il faut savoir que les études qui tendaient à démontrer un effet favorable de ces substances traitaient toute du diabète de type 2. Quoiqu'il en soit, il est essentiel de discuter avec le médecin si vous décidez d'utiliser un produit particulier en complément de l'insuline.

L'alimentation

▸ L'enfant diabétique doit-il suivre une diète stricte ?

L'enfant diabétique doit suivre des recommandations sur le plan alimentaire, mais il ne s'agit pas d'une diète stricte ni restrictive. Contrairement au diabète de type 2, les consignes alimentaires n'ont pas pour but de limiter l'apport calorique ni de produire un amaigrissement. L'enfant est en croissance et il est très important qu'il mange à sa faim des aliments sains. La « diète » est en fait un plan alimentaire balancé fournissant tous les éléments essentiels ; en somme, ce que tout enfant, diabétique ou non, devrait manger. Le guide alimentaire canadien sert de base : une bonne alimentation est essentielle pour maintenir la santé.

Sans vraiment limiter l'apport calorique, il faut tout de même prévenir l'obésité, un phénomène inquiétant dans nos sociétés modernes. L'obésité entraîne une résistance à l'insuline qui rend le contrôle glycémique plus difficile et elle est associée à des risques accrus de complications vasculaires à l'âge adulte.

Il faut se souvenir que les habitudes alimentaires acquises dans l'enfance persistent souvent à l'âge adulte et que l'enfant suit généralement les habitudes alimentaires de ses parents ; il y a donc avantage à ce que toute la famille adopte les principes d'une saine alimentation.

▸ **En quoi consiste la « diète » de l'enfant diabétique ?**

L'objectif des recommandations nutritionnelles est de synchroniser les apports alimentaires avec les doses d'insuline afin d'éviter le plus possible les hyperglycémies et les hypoglycémies. Chez l'enfant non diabétique, cela est fait de façon automatique par le pancréas qui ajuste la production d'insuline selon les apports alimentaires. Chez l'enfant diabétique, cela demande une certaine réflexion à chaque repas. De plus, la nécessité de synchroniser les apports avec l'insuline limite les moments où l'enfant diabétique peut manger : il ne peut pas manger n'importe quoi, n'importe quand. À l'inverse, si l'injection d'insuline à courte action n'est pas suivie de la prise du repas tel que prévu, il y a risque d'hypoglycémie.

Différentes approches peuvent être proposées. Une consultation avec une nutritionniste est indispensable. Nous ne donnons ici que les grands principes.

- Il faut porter une attention spéciale aux aliments qui produisent une augmentation de la glycémie. Ce sont essentiellement les glucides. Plus il y a de grammes de glucides, plus grand sera l'effet sur la glycémie. Il ne faut cependant pas avoir peur de donner des glucides à l'enfant diabétique, car le corps les utilise comme source importante d'énergie. Les aliments qui contiennent des glucides doivent être consommés en quantité mesurée. Pour apprendre à calculer les glucides, voir la question suivante, en page 35.

- La quantité de glucides à consommer à chaque repas doit être calculée avec la nutritionniste. Ce calcul est basé sur les besoins de l'enfant selon son âge, son poids, sa taille ainsi que son appetit.

- On peut utiliser un plan plus ou moins fixe dans lequel la quantité de glucides à prendre à chaque repas est déterminée à l'avance. La dose d'insuline n'a pas à être calculée à chaque repas puisque l'apport en glucides est fixe (la dose d'insuline sera tout de même adaptée en fonction de la glycémie). Cette approche est contraignante sur le plan alimentaire, mais elle est relativement simple à appliquer.

- On peut aussi utiliser un plan plus souple à condition d'apprendre à calculer la dose d'insuline selon les apports en glucides. La quantité de glucides peut varier d'un repas à l'autre à condition que cela ne soit pas excessif et qu'on calcule la quantité d'insuline nécessaire à injecter à chaque repas : cela libère l'enfant diabétique des contraintes, mais demande des connaissances et de la discipline. Ceci n'est possible qu'avec l'injection d'insuline à courte action avant chacun des repas.

- Même avec un plan fixe, une certaine flexibilité est souhaitable. On peut dépasser la quantité de glucides prévus au plan alimentaire si on ajoute de l'insuline à courte action pour couvrir « l'excédent ». La quantité varie d'un diabétique à l'autre : il est nécessaire d'en discuter avec le médecin ou la nutritionniste.

- Selon le régime insulinique prescrit, il faut respecter des horaires plus ou moins précis pour les repas, et des collations peuvent être nécessaires pour prévenir les hypoglycémies. Il faut se souvenir que l'enfant diabétique ne devrait jamais sauter de repas ni de collations prévus à son plan, car cela peut provoquer une hypoglycémie.

- Des instructions spéciales doivent aussi être respectées en cas de maladie et relativement à la pratique d'exercice physique, et cela dans le but d'éviter les hypoglycémies.

- Il a essentiellement été question du calcul des glucides, mais il ne faut pas oublier de bien équilibrer le reste de l'alimentation. À cause des risques de maladie cardiaque à l'âge adulte, il est nécessaire de porter attention aux matières grasses. On veut surtout inculquer de saines habitudes alimentaires : ce principe est aussi important pour les autres membres de la famille.

▶ Est-ce difficile de calculer les glucides dans l'alimentation de l'enfant diabétique ?

Tous les diabétiques doivent savoir reconnaître les sources de glucides. Même les jeunes enfants peuvent comprendre certaines notions comme, par exemple, qu'ils doivent demander la permission à un adulte avant de prendre des collations et qu'ils doivent manger certains aliments au repas.

Trois principaux groupes alimentaires dits glucidiques influencent directement la glycémie : les produits céréaliers, les fruits et les produits laitiers (à l'exception du fromage). On trouve aussi des glucides dans les aliments sucrés : le sucre, la mélasse, le miel, le sirop d'érable…

Il n'y a pas d'aliments « défendus », mais les aliments « sucrés » doivent être consommés en quantité raisonnable et toujours mesurée. Pour l'enfant diabétique chez qui on calcule la quantité de glucides à prendre aux repas et aux collations, il ne faut pas que les sucreries remplacent la majorité des aliments sains prévus ! Oui, on peut se gâter parfois avec des sucreries, mais en conservant les principes d'une saine alimentation.

On apprend à calculer les glucides avec la nutritionniste. Différents systèmes peuvent être utilisés. Par exemple, on peut utiliser le système des portions de 15 g : 1 portion = 15 g de glucides.

La nutritionniste nous indiquera combien de portions l'enfant diabétique devrait manger aux repas et aux collations.

Exemple de portions qui équivalent à 15 g de glucides

Féculents	Fruits	Lait	Sucreries
1 tranche de pain	125 mL de jus	250 mL de lait	15 mL de sucre de table
125 mL de pommes de terre	1 orange moyenne	250 mL de yogourt nature	15 mL de miel
125 mL de riz cuit	1 petite pomme	125 mL de yogourt aux fruits	125 mL de céréales sucrées
125 mL de pâtes alimentaires cuites	15 raisins	100 mL de crème glacée vanille ou chocolat	30 g de chocolat au lait
125 mL de gruau nature	1/2 banane	175 mL de pouding sans sucre ajouté	30 mL de Nutella
175 mL de céréales son de maïs	125 mL de fruits en conserve égouttés	125 mL de béchamel	125 mL de boisson gazeuse régulière
4 biscuits secs	125 mL de compote de fruits non sucrée	125 mL de potage crémeux	3 bonbons durs

Il est aussi essentiel d'apprendre à lire les étiquettes des produits.

Valeur nutritive		
par tranches (64 g)		
Teneur	% valeur quotidienne	
Calories 140		
Lipides 1,5 g		2 %
saturés 0,3 g		
+ trans 0,5 g		
Cholestérol 0 mg		4 %
Sodium 290 mg		12 %
Glucides 26 g		9 %
Fibres 3 g		12 %
Sucres 2 g		
Protéines 5 g		
Vitamine A 0 %	Vitamine C	0 %
Calcium 4%	Fer	10 %

Il faut regarder le total de glucides et vérifier à quelle quantité d'aliments cela s'applique.

Pour ceux qui calculent par portion, il faut se souvenir qu'une portion = 15 g de glucides.

▶ **L'enfant diabétique peut-il manger des sucreries?**

Oui. Cependant, il faut se servir de son jugement et manger des sucreries en quantités restreintes tout en calculant la quantité de glucides présente. Tout enfant, qu'il soit diabétique ou non, ne devrait consommer les sucreries qu'en quantité modérée; encore plus s'il s'agit d'un enfant diabétique. Ces sucreries doivent obligatoirement être calculées et prises aux repas ou aux collations prévues au plan alimentaire.

Il existe des produits « sucrés sans sucre » : ces produits sont sucrés avec des édulcorants, des produits chimiques qui imitent le goût du sucre. Ces produits ne sont pas dommageables, mais ils sont souvent pauvres en valeur nutritive. Ils peuvent être consommés sans les compter lors d'événements spéciaux, mais ils ne devraient pas faire partie de l'alimentation de base normale de l'enfant diabétique.

Il faut faire attention aux termes comme « léger » et « sans sucre ajouté » utilisés dans l'industrie. La quantité de glucides n'est pas toujours minime ; il faut bien lire les étiquettes et se renseigner au besoin auprès de la nutritionniste.

▶ Que faire si l'enfant a faim ?

Au début du diabète, il est normal que l'enfant ait très faim : il a perdu du poids dans les semaines précédant le diagnostic et le corps veut récupérer. Aucune diète ou plan alimentaire ne semble satisfaire l'appétit de l'enfant. N'augmentez pas trop les glucides et offrez-lui plutôt des protéines ou des légumes supplémentaires.

Après quelques semaines, l'appétit redevient normal. Si l'enfant a faim, on peut toujours rajouter des protéines ou des légumes. Si le problème persiste ou si l'enfant a toujours faim, discutez avec la nutritionniste et le médecin. L'enfant devrait être satisfait après les repas. Il faut aussi se souvenir qu'il est en croissance et que son appétit augmentera, surtout à l'adolescence. Il faut revoir régulièrement la nutritionniste pour réajuster les recommandations nutritionnelles afin de s'assurer que le plan alimentaire répond aux besoins de l'enfant et pour suivre l'évolution de son poids.

De façon ponctuelle, si l'enfant a faim et désire manger plus que les portions prévues, on peut augmenter les quantités de glucides en ajoutant de l'insuline ultrarapide ; la nutritionniste vous enseignera comment le faire.

▶ **Que faire si l'enfant n'a pas suffisamment faim pour manger toutes les portions prévues à son plan alimentaire ?**

Après avoir reçu de l'insuline à courte action, il faut que l'enfant ingère des aliments glucidiques pour éviter les hypoglycémies. Toutefois, il ne faut jamais forcer un enfant à manger. Cela ne fait que provoquer de l'opposition. Il faut s'assurer qu'il prend une quantité raisonnable de glucides.

Si le problème est ponctuel, on peut remplacer les aliments glucidiques prévus au repas par des jus, du lait ou par d'autres sources de glucides. On peut aussi augmenter la collation si l'enfant n'a pas bien mangé au repas ; ceci ne devrait se faire qu'à l'occasion et ne pas devenir une habitude. Si le problème se produit à répétition, il faut en discuter avec la nutritionniste et le médecin ; il y a différentes façons de contourner le problème. On peut opter pour un régime plus souple.

▶ **Peut-il manger à des heures qui ne sont pas prévues à son horaire ?**

De façon générale, il est plus facile de suivre le même horaire d'une journée à l'autre. Toutefois, pour un événement spécial (réveillon de Noël, brunch un dimanche matin, etc.), il y a toujours possibilité de déroger et de participer à la fête sans nuire au contrôle du diabète.

Rappelez-vous que toute ingestion de glucides doit être couverte par de l'insuline.

Pour un repas supplémentaire (par exemple à minuit ou en soirée), une injection supplémentaire d'insuline à courte action est la meilleure stratégie. La quantité d'insuline à injecter avant le repas dépend de la quantité de glucides du repas et de la sensibilité de l'enfant à l'insuline. Par exemple, pour un adolescent, le calcul pourrait être de 1 unité d'insuline pour chaque 10 ou 15 g de glucides. Ce calcul doit être fait avec le médecin ou la nutritionniste.

Si on omet un repas ou si on change vraiment l'heure du repas, il faut prendre soin d'inclure des collations au moment du pic d'action de l'insuline NPH afin d'éviter les hypoglycémies.

▸ **Comment un jeune diabétique peut-il participer à une fête chez un ami ?**

L'enfant diabétique devrait participer aux mêmes événements que ses amis non diabétiques et ne devrait jamais être exclu des fêtes ou réjouissances (l'Halloween, l'anniversaire d'un ami…). Il est presque toujours possible de s'ajuster avec un peu d'imagination. On peut prévoir des « gâteries » plus salées que sucrées, avoir des produits « gratuits » comme des boissons gazeuses diététiques. Au besoin, on ajoute un peu d'insuline à courte action pour couvrir l'excédent de glucides (pour le gâteau d'anniversaire, par exemple). La nutritionniste est la personne la mieux placée pour vous guider dans ces choix.

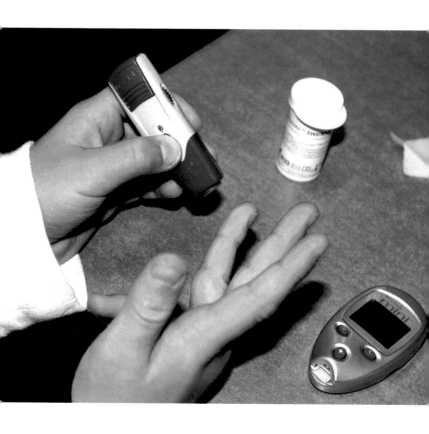

La surveillance du diabète

▸ **Pourquoi doit-on faire des glycémies ?**

On doit faire des glycémies pour deux raisons.

1. Parce que le traitement n'arrive pas à reproduire parfaitement le travail d'un pancréas, le taux de sucre varie au cours de la journée et la mesure de la glycémie est la seule façon de prendre des décisions éclairées.

2. Les besoins d'insuline évoluent et le médecin, ainsi que le diabétique, doivent pouvoir détecter à quel moment un réajustement de la dose d'insuline est nécessaire.

Au moins 4 glycémies par jour sont nécessaires pour bien équilibrer le diabète.

▸ **Quels devraient être les résultats des glycémies ?**

On doit viser à garder les glycémies le plus près possible de la normale, soit entre 4 et 7 mmol/L avant les repas. La glycémie après le repas est plus difficile à contrôler. Si on utilise un régime intensif, on vise des glycémies inférieures à 10 mmol/L après les repas.

Pour les jeunes enfants de moins de 5 ans, les objectifs glycémiques sont déterminés de façon à prévenir les risques d'hypoglycémies. Dans certaines circonstances, le médecin détermine des objectifs différents. À la suite du diagnostic, cela pourra prendre de 3 à 4 semaines avant d'atteindre l'objectif visé.

Le tableau suivant permet de se faire une idée de l'interprétation de la glycémie.

LES GLYCÉMIES		Taux de glycémie	Actions à prendre
Hyperglycémie	Hyperglycémie importante	23 et + 22 21 20 19 18	Vérifier l'urine pour détecter la présence d'acétone. Prendre des mesures pour corriger la situation.
	Hyperglycémie	17 16 15 14 13 12 11	Il n'y a pas de danger à court terme. Des réajustements du traitement seront nécessaires pour assurer un contrôle adéquat du diatète.
Glycémie optimale	Glycémie souhaitée après un repas	10 9 8 7	
	Glycémie normale à jeun	6 5 4	
Hypoglycémie	Hypoglycémie	3,5 3 2,5	Donner une source de sucre d'absorption rapide.
	Hypoglycémie sévère	2 1,5	Donner le glucagon, si la personne n'est plus en état de prendre du sucre.

▶ **À quoi sert le test d'urine ?**

Le test d'urine sert à vérifier la présence d'acétone. Cette substance apparaît dans l'urine lorsqu'il n'y a pas assez d'insuline et sert de signal d'alarme. Lorsque le diabète est débalancé, on y retrouve du sucre et de l'acétone.

On notera que l'acétone peut apparaître chez des enfants diabétiques ou non diabétiques lorsqu'ils sont à jeun. Cette acétone est dite « acétone de jeûne ». Dans cette situation, il n'y a pas de sucre dans l'urine.

La présence d'acétone peut aussi être vérifiée par certains appareils qui la mesureront directement dans le sang.

▶ **Qu'est-ce que l'hémoglobine glyquée (HbA1c) ?**

C'est le test de laboratoire qui permet d'évaluer l'ensemble du contrôle glycémique des deux ou trois derniers mois. Certains l'appellent hémoglobine glycosylée ou tout simplement A1c.

On mesure le pourcentage de réaction chimique entre l'hémoglobine et le glucose. Le résultat est exprimé soit en pourcentage (ex : 8,7 %), soit en décimales (ex : 0,87). Le résultat de l'HbA1c reflète la glycémie moyenne des trois derniers mois, comme le montre le tableau suivant.

Les études ont prouvé que le résultat est directement en lien avec le risque de complications du diabète. On vise à maintenir une HbA1c le plus près possible de la normale, qui se situe entre 4 % et 6 %. On devrait faire ce test tous les trois mois et viser un résultat de moins de 7,5 %. Dans certains cas, par exemple pour un jeune enfant, le médecin peut fixer un objectif plus élevé afin d'éviter les risques d'hypoglycémie.

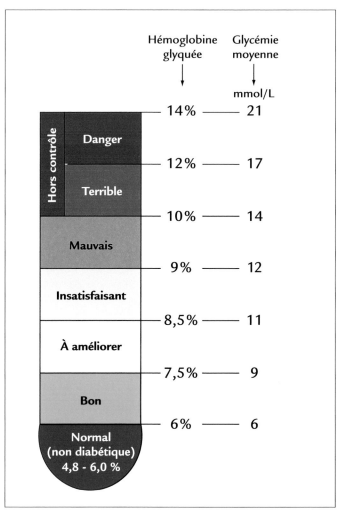

Hémoglobine glyquée

▶ **Comment savoir si l'enfant va bien ?**

Lorsque le diabète est adéquatement contrôlé, l'enfant ne présente aucun symptôme d'hyperglycémie. Il boit et urine normalement. Son appétit est raisonnable et il prend du poids normalement. Une certaine fluctuation des glycémies est acceptable, de même que quelques petites hypoglycémies, mais il ne devrait pas y avoir d'hypoglycémie grave.

Une évaluation médicale périodique, faite tous les trois mois, est essentielle et la mesure de l'HbA1c permet de confirmer si le contrôle métabolique est adéquat dans l'ensemble. Tout aussi importante est la façon dont l'enfant et sa famille s'adaptent au diabète et aux exigences du traitement. Un enfant diabétique doit se développer comme ses pairs sur le plan psychosocial et devenir un adulte équilibré. Sa fréquentation scolaire ne doit pas être compromise par le diabète

On devrait se questionner si l'enfant perd du poids, s'il y a de grandes fluctuations de ses glycémies, si l'HbA1c est supérieure à 8 % et s'il manifeste des difficultés d'adaptation ou de l'anxiété excessive face au diabète et au traitement.

À retenir

Si le diabète est bien contrôlé, l'enfant connaîtra le même développement que ses pairs sur le plan psychosocial.

L'hyperglycémie

▶ **Qu'est-ce qu'une hyperglycémie ?**

Il y a hyperglycémie quand se produit une hausse du taux de sucre au-delà de la normale. La valeur normale de la glycémie à jeun est entre 4 et 5,6 mmol/L. Chez un diabétique, la cible souhaitée étant entre 4 et 7 mmol/L, on parle en général d'hyperglycémie quand le taux de sucre est plus haut que 7 mmol/L à jeun.

Après un repas, la glycémie tend à augmenter. Il est normal qu'elle monte jusqu'à 7,8 mmol/L deux heures après un repas. Toutefois, chez un diabétique de type 1, il est très difficile de conserver ce type de valeur dans les deux heures qui suivent la prise d'aliments. En effet, l'action de l'insuline donnée avant un repas n'est pas immédiate et prend en général de 1 à 2 heures avant d'atteindre son pic d'action. Pour un diabétique, la cible souhaitée, deux heures après un repas, se situe entre 7 et 10 mmol/L. On parle donc d'hyperglycémie lorsque la valeur de la glycémie atteint 10 mmol/L et plus, et cela deux heures après un repas.

▶ **Quand faut-il s'inquiéter d'une hyperglycémie ?**

L'hyperglycémie peut être ponctuelle et très limitée dans le temps, ou elle peut s'avérer chronique.

Hyperglycémie limitée dans le temps

Une seule valeur hyperglycémique ne porte habituellement pas à conséquence. Si cette valeur est très élevée (par exemple, au-dessus de 17 mmol/L), il est important de suivre l'évolution de la situation en faisant des glycémies et un dosage de l'acétone. Une glycémie élevée, accompagnée d'acétone dans l'urine ou dans le sang, peut signifier que la condition risque d'évoluer vers l'acidose ou, pire, que l'enfant est déjà en acidose. C'est cette situation qui, de façon aiguë, est à redouter.

L'acidose diabétique est une condition qui survient quand l'organisme manque d'insuline. Dans ce cas, étant donné que le sucre ne peut être utilisé comme carburant par les cellules, le corps utilise ses réserves de graisse comme source d'énergie. Certains déchets sont alors produits. Ces déchets sont des produits acides comme les corps cétoniques. En état d'acidose, le sang est acide, la glycémie est élevée et l'urine montre la présence d'acétone. L'enfant se déshydrate, vomit et peut respirer plus vite. Éventuellement, son état de conscience peut s'altérer. Non traitée, l'acidose diabétique peut conduire au décès rapidement (en quelques jours). Il est donc important de détecter ou de prévenir cette condition. Tout enfant qui vomit, qui a une glycémie élevée et chez qui on retrouve la présence d'acétone dans l'urine ou le sang est, jusqu'à preuve du contraire, en acidose. Il est alors nécessaire de consulter pour qu'un traitement en milieu hospitalier soit amorcé.

Hyperglycémie persistante

Si on remarque que les hyperglycémies se reproduisent selon un certain modèle, il faut être proactif et se poser des questions sur la raison de ces hyperglycémies. Il faut alors que le diabétique ou ses parents apportent les modifications voulues. Ainsi, si on remarque que les glycémies sont régulièrement élevées au souper, il faut analyser les facteurs possibles. Doit-on augmenter la dose d'insuline agissant en après-midi ? Est-ce qu'un apport en glucide « non déclaré » ou non calculé en revenant de l'école explique cette situation ? Si l'enfant reçoit de l'insuline le midi, l'injection est-elle oubliée ? Il ne faut surtout pas attendre le prochain rendez-vous chez le médecin (qui est parfois prévu plusieurs mois plus tard) avant de penser à corriger cette situation.

L'hyperglycémie peut aussi avoir d'autres conséquences. Celles-ci sont plutôt reliées à un état chronique d'hyperglycémie. En effet, une hyperglycémie de longue date peut entraîner des complications à long terme aux yeux, aux reins ou au système cardiovasculaire. Ce sujet a déjà été abordé à la question : Quelles sont les conséquences à long terme du diabète ? (page 16)

▸ **Quels sont les facteurs qui peuvent conduire à un état hyperglycémique ?**

Le manque d'insuline

Une des premières raisons de l'état hyperglycémique est le manque d'insuline. Cela peut notamment être dû à un ajustement insuffisant des doses d'insuline.

L'omission de doses d'insuline peut aussi provoquer un manque d'insuline. À l'adolescence, l'omission des doses d'insuline est l'un des principaux facteurs qui expliquent le mauvais contrôle du diabète. C'est même le facteur premier dans l'apparition de l'acidose diabétique chez l'adolescent.

La nutrition

Une consommation supérieure à la quantité d'aliments prévus dans le plan alimentaire ou tout apport excessif de glucides peut expliquer un état hyperglycémique. Le fait de grignoter continuellement entre les repas est une cause probablement beaucoup plus fréquente et importante d'hyperglycémie que les fameuses « tricheries » occasionnelles sous forme d'aliments sucrés.

Le stress

Tout stress causé à l'organisme peut engendrer des hyperglycémies. Quelle que soit son origine, le stress entraîne la production de certaines hormones, comme l'adrénaline et le cortisol. Celles-ci ont un effet opposé à celui de l'insuline : elles élèvent les glycémies. Lorsqu'on parle de stress, on pense d'abord au stress psychologique. Cette forme de stress peut très bien engendrer une hyperglycémie, surtout si cela est chronique. L'organisme peut aussi subir des stress d'origine physique. Les infections sont une source de stress pour le corps humain et il est important d'être vigilant durant ces épisodes pour éviter une détérioration importante du contrôle glycémique.

La peur des hypoglycémies

La peur irrationnelle des hypoglycémies constitue une cause souvent ignorée, mais sans doute assez fréquente de l'état hyperglycémique. Après une mauvaise expérience ou en raison de fausses conceptions, l'enfant ou ses parents tentent alors d'éviter à tout prix une quelconque hypoglycémie, même banale. Ils le font par un apport en glucides trop généreux ou ils hésitent à augmenter les doses d'insuline requises.

▸ Que faire quand la glycémie est élevée ?

Lorsque la glycémie est élevée de façon ponctuelle, on corrige en ajoutant un peu d'insuline à courte action.

Si l'hyperglycémie se répète, on se pose les questions suivantes :

- L'enfant diabétique est-il supervisé pour ses injections ?
- Est-ce qu'il mange de façon excessive ?
- Est-ce que l'enfant commence une infection ?

Lorsqu'on a corrigé les problèmes techniques et vérifié les autres causes possibles d'hyperglycémie, il ne reste plus qu'à augmenter la dose d'insuline.

Lorsque l'hyperglycémie s'accompagne d'acétone dans l'urine, cela signifie que le déficit en insuline a des répercussions sérieuses sur le métabolisme et que le diabète se déséquilibre. Il faut alors prendre des mesures immédiates, telle l'injection d'insuline supplémentaire. Il ne faut pas hésiter à contacter rapidement l'équipe médicale si la démarche à suivre dans un tel cas n'est pas claire pour le jeune ou ses parents.

L'hypoglycémie

▶ **Qu'est-ce qu'une hypoglycémie ?**

Une hypoglycémie est une baisse du taux de sucre en deçà de la normale. On parle en général d'hypoglycémie quand le taux est inférieur à 3,3 mmol/L. Il faut savoir que ce chiffre est donné comme valeur de référence seulement. En effet, les lecteurs de glycémies ont un certain degré d'imprécision (en général, de l'ordre de ±10 %). De façon prudente, on considère que le diabétique présente une hypoglycémie si la valeur est plus basse que 4 mmol/L.

▶ **Qu'est-ce qui cause une hypoglycémie ?**

Le taux de sucre dans le sang est le résultat d'un fin équilibre entre la quantité d'insuline, la nourriture absorbée et l'exercice.

Chez la personne non diabétique, le corps dispose d'un mécanisme très efficace qui fait en sorte que le taux de sucre chez une personne non diabétique demeure constant.

Malheureusement, cet ordinateur se détraque chez la personne diabétique, le corps n'ayant plus cette capacité de sécréter, entre autres et à tout moment, une juste quantité d'insuline.

Ainsi, si le diabétique s'injecte trop d'insuline, s'il mange moins qu'à l'habitude sans ajuster sa dose d'insuline ou s'il fait plus d'exercice, il sera à risque d'avoir une hypoglycémie.

▶ Quels sont les symptômes d'hypoglycémie?

L'hypoglycémie peut survenir brusquement. Le taux de sucre peut chuter en l'espace de quelques minutes. Heureusement, le corps envoie généralement certains signaux d'alarme pour prévenir de cette baisse de sucre. Les premiers symptômes notés sont soit des tremblements, soit une sensation de faim importante, soit des maux de tête ou un manque d'énergie.

Si la glycémie continue de chuter, on peut alors noter de la pâleur, de la sudation, des palpitations, des yeux vitreux et de la difficulté à se concentrer. Il peut y avoir aussi des changements d'humeur (irritabilité, impatience ou crises de colère anormales). Il faut être particulièrement à l'écoute de ces derniers symptômes chez le tout jeune enfant.

Si l'hypoglycémie progresse davantage et que le cerveau ne reçoit pas assez de sucre pour fonctionner, une perte de conscience peut survenir ainsi que des convulsions. On parle alors de coma diabétique.

Il faut savoir que certains diabétiques ressentent peu ou pas leurs hypoglycémies. Ceci arrive surtout chez les diabétiques de longues date ou les diabétiques qui font souvent des hypoglycémies.

▶ Les hypoglycémies sont-elles dangereuses?

Non, en général les hypoglycémies ne sont pas dangereuses. Bien que désagréables, elles ont rarement des conséquences à long terme. Le principal danger vient de la diminution de la vigilance qui peut être une cause d'accident; l'hypoglycémie peut devenir dangereuse lors de la conduite automobile, par exemple. Même dans le cas d'hypoglycémie sévère ayant entraîné une convulsion ou un épisode de coma, les études n'ont pas démontré de dommages neurologiques sérieux à long terme. Cependant, il faut tenter de prévenir les hypoglycémies chez les enfants de moins de 5 ans. Comme, à cet âge, le cerveau est encore en croissance et que sa seule source de nourriture est constituée des glucides, il est possible que des hypoglycémies fréquentes laissent certaines traces. Certaines études tendent à démontrer que des enfants qui ont eu en bas âge de fréquentes hypoglycémies sont plus à risque de connaître des troubles scolaires ou d'apprentissage. Ces troubles seraient cependant réversibles à l'âge adulte. C'est pour cette raison que le niveau de glycémie accepté chez les jeunes enfants de moins de 5 ans est souvent un peu plus élevé.

Plusieurs parents craignent que leur enfant meure d'une éventuelle hypoglycémie qui n'aurait pas été reconnue durant la nuit. Cette possibilité est probablement faible, sinon inexistante. Par contre, un coma prolongé dû à un surdosage volontaire d'insuline (dose vraiment excessive) ou associé à une consommation importante d'alcool pourrait avoir des conséquences graves.

Si on vise un contrôle optimal du diabète afin de prévenir les complications à long terme, on ne peut éviter totalement les épisodes d'hypoglycémies. Il est tout à fait normal d'en faire à l'occasion. Il ne faut donc pas dramatiser à l'excès ces épisodes. La peur irrésonnée des hypoglycémies de la part des parents ou du jeune diabétique est une cause connue de mauvais contrôle chronique.

▶ **Comment traite-t-on une hypoglycémie?**

L'hypoglycémie se traite par l'administration de glucides. Comme la glycémie peut chuter de façon rapide, il est important d'amorcer le traitement sans délai lorsqu'une hypoglycémie est identifiée. La quantité de glucides à action rapide (jus, pastilles de glucose, etc.) varie selon le poids, tel que cela est indiqué dans le tableau suivant.

	Poids < 30 kg	Poids entre 30 et 60 kg	Poids > 60 kg
Grammes de glucides	10 g	15 g	20 g
Glucose BD 1 pastille = 5 g de glucides	2 pastilles	3 pastilles	4 pastilles
Dextrosol 1 pastille = 5 g de glucides	3 pastilles	5 pastilles	7 pastilles
Jus de fruits	90 mL	125 mL	200 mL

Traitement des hypoglycémies

Le malaise ne disparaît pas instantanément et il est inutile de donner une plus forte quantité de sucre à moins que l'hypoglycémie soit sévère: les symptômes d'hypoglycémie ne disparaîtront pas plus rapidement. Les symptômes prennent en général de 15 à 20 minutes avant de s'estomper. Il est recommandé de refaire le test 15 minutes après que l'hypoglycémie a été identifiée et de redonner des glucides si la glycémie de l'enfant est encore basse.

Si l'hypoglycémie est tellement sévère que l'enfant est non coopératif ou inconscient, il faut alors administrer un médicament d'urgence que toute famille devrait avoir en sa possession : le glucagon. Le glucagon s'administre en injection. Si le glucagon n'est pas disponible, il est alors nécessaire d'appeler les services d'urgence pour qu'un soluté avec glucose soit installé.

Il faut se rappeler que le jeune diabétique devrait toujours avoir en sa possession une source de glucides ou s'assurer que celle-ci est rapidement disponible.

Enfin, si les hypoglycémies se répètent souvent, il faut analyser la situation, en trouver la cause et ajuster le traitement en conséquence. Est-ce que les hypoglycémies surviennent toujours en avant-midi et que la dose d'insuline du matin doit être modifiée ? Est-ce que l'enfant oublie de prendre sa collation ? Est-ce que les hypoglycémies surviennent après une activité physique particulière ?

À retenir

Si on vise un contrôle optimal du diabète afin de prévenir les complications à long terme, on ne peut éviter totalement les épisodes d'hypoglycémies. Il est tout à fait normal d'en faire à l'occasion. Il ne faut donc pas dramatiser à l'excès ces épisodes d'hypoglycémies.

L'exercice

▶ **Un enfant diabétique peut-il faire du sport ?**

Tout à fait. L'exercice physique a de nombreux effets bénéfiques sur la santé. Il diminue les risques de maladies cardiovasculaires, d'obésité, d'hypertension, etc. De plus, les activités sportives de groupe peuvent aider à développer les habilités sociales de l'enfant. L'activité physique devrait être encouragée chez tout enfant, qu'il soit diabétique ou non. Même le simple fait de marcher ou de prendre sa bicyclette pour aller à l'école est une forme d'activité à encourager.

Presque tous les sports peuvent être pratiqués par les jeunes diabétiques, qu'il s'agisse de sports faits dans un cadre de loisir ou de sports de haut niveau de compétition. Il est important, cependant, d'ajuster la gestion du diabète en regard de l'activité pratiquée. La planification de ces activités sportives est importante et le jeune doit avoir un « plan de match » qu'il met en pratique lors de ses activités physiques spécifiques.

Certaines activités sportives pour lesquelles une chute de la glycémie pourrait avoir des conséquences importantes doivent absolument faire l'objet d'une discussion avec le médecin. Mentionnons, à titre d'exemple, l'alpinisme ou la plongée sous-marine avec paliers de décompression.

▶ **Est-ce que le jeune diabétique doit faire de l'exercice ?**

Oui. L'activité physique a de nombreuses vertus, que l'enfant soit diabétique ou non. L'exercice a aussi des effets bénéfiques sur le diabète. Cependant, il faut savoir que ce sont surtout les activités physiques soutenues (entraînement régulier au moins trois à quatre fois par semaine) qui ont un impact sur l'amélioration du contrôle glycémique. L'activité physique joue un rôle bénéfique, en particulier dans la diminution des risques de maladies cardiovasculaires.

Ce type d'activité doit demeurer une source de plaisir… Il faut accepter que certains enfants aient un tempérament sportif alors que d'autres sont plus intellectuels. Quoiqu'il en soit, l'activité physique doit être encouragée chez tous les enfants.

▶ **Quel est l'effet de l'exercice sur le diabète ?**

Lors de l'exercice, les muscles ont besoin de plus d'énergie pour fonctionner. Cette énergie provient du glucose. L'insuline permet au glucose dans le sang d'être capté par les cellules. Au cours de l'exercice, les cellules sont plus sensibles à l'action de l'insuline et, par conséquence, plus de glucose est capté par les cellules des muscles. Le taux de sucre dans le sang est donc moindre. Cette sensibilité accrue à l'insuline peut persister une à deux journées après un exercice soutenu. C'est pour cette raison que ceux qui pratiquent une activité physique trois à quatre fois par semaine peuvent voir leur taux de glycémie s'améliorer de façon notable, et cela avec moins d'insuline que la moyenne.

La baisse des glycémies ne se manifeste pas seulement lors de l'activité physique, mais elle peut persister pendant plusieurs heures après l'exercice.

Il faut noter que la glycémie peut parfois augmenter durant l'exercice physique. En effet, l'exercice peut être associé à un stress, par exemple lors d'une compétition, ou tout simplement au désir du jeune de performer. Le stress déclenche la production des « hormones de stress » comme l'adrénaline. Ces hormones augmentent de façon aiguë la glycémie.

Il est donc important pour un diabétique de vérifier ses glycémies avant, pendant et après un exercice physique pour tenter de comprendre ses patterns particuliers de glycémie lors d'exercices physiques spécifiques. Ces glycémies lui permettront aussi de réagir et de corriger au besoin les glycémies anormales.

▸ Peut-on faire une activité physique quelque soit la valeur de la glycémie ?

Si la glycémie est basse avant l'activité physique, il faut s'assurer qu'elle est revenue à la normale en prenant un supplément de glucides avant de commencer.

À l'inverse, si la glycémie est élevée, il faut savoir qu'il peut être dangereux de faire de l'activité physique si le diabète est mal contrôlé par manque d'insuline. En effet, dans cette situation, le corps reconnaît que les cellules des muscles manquent de sucre en prévision de l'exercice, car il n'y a pas suffisamment d'insuline en circulation pour faire entrer le sucre dans les cellules. Le corps envoie donc des signaux hormonaux qui auront pour effet d'aller chercher du sucre dans le foie. Le sucre s'accumule encore plus dans le sang. La glycémie s'élève donc davantage. De plus, ces signaux hormonaux tentent d'aller chercher de l'énergie en métabolisant les graisses, ce qui produit des corps cétoniques. Ces corps acides qui s'accumulent dans le sang peuvent alors induire une maladie aiguë sérieuse, l'acidose diabétique. Il est donc recommandé de ne pas faire d'exercice important quand la glycémie est supérieure à 17 mmol/L et qu'il y a de l'acétone dans le sang ou dans l'urine.

▶ **Quelles précautions doit-on prendre lorsqu'on fait une activité physique?**

Pour un exercice non planifié, il faut ajouter des suppléments de collation et surveiller la glycémie.

Pour un exercice planifié, les changements à faire dépendent de la durée et de l'intensité de l'exercice, de la glycémie au moment de le commencer et du temps qui le sépare du repas ou d'une collation. Des recommandations trop simples risquent d'être mal adaptées à chaque cas particulier. Nous nous contenterons donc de ne donner que les principes généraux.

On peut modifier la dose d'insuline en diminuant l'insuline qui agit au moment de l'exercice. Ainsi, si l'exercice est pratiqué moins de 2 heures après l'administration d'insuline ultrarapide, celle-ci doit être modifiée. La diminution est généralement de 10 à 20 % de la dose selon l'intensité de l'exercice. Dans certains cas, la diminution atteindra 40 ou même 50 % de la dose. Chaque diabétique doit développer sa propre recette.

▶ **Quels sont les conseils pratiques les plus importants en relation avec l'exercice physique ?**

Avant l'exercice

- Bien prendre ses repas et ses collations : augmenter un peu l'apport glucidique au besoin.
- S'assurer que la glycémie n'est pas trop basse avant d'entamer une activité physique intense ou prolongée. Mesurer au besoin sa glycémie.
- Si la glycémie est basse, prendre une collation supplémentaire avant d'entreprendre l'exercice.

Pendant l'exercice

- Consommer des glucides de façon rationnelle pour éviter les hypoglycémies durant l'exercice. Éviter d'en surconsommer inutilement.
- Pour un exercice modéré, prendre environ 15 g de glucides toutes les heures durant l'activité.
- Pour un exercice soutenu, prendre toutes les 30 ou 45 minutes une petite quantité de glucides (15 à 30 g selon l'intensité de l'exercice).

Exemples (15 g de glucides) :

- 250 mL de boisson réhydratante, du type Gatorade® ou Allsport® ;
- 125 mL de jus de fruits sans sucre ajouté ;
- 30 mL de fruits secs, raisins ou autres ;
- si une hypoglycémie se produit, s'arrêter et la traiter. Si possible, vérifier la glycémie avant de reprendre l'exercice.

Après l'exercice

- Que l'exercice soit planifié ou non, il faut se méfier des hypoglycémies pouvant survenir plusieurs heures après l'arrêt de l'exercice. Il faut en particulier se méfier de celles qui peuvent se produire durant la nuit, après un exercice important en soirée.

- Bien prendre ses collations.

- Si l'activité a lieu après le souper, mesurer la glycémie avant le coucher et prendre un supplément de collation de 15 ou 30 g de glucides, selon l'intensité de l'exercice et sa durée.

- Au besoin, mesurer la glycémie au début de la nuit.

Chaque diabétique devrait évaluer sa réaction à l'exercice afin de développer un plan optimal. Pour ce faire, on suggère donc qu'il mesure sa glycémie avant, pendant et après quelques périodes d'exercice. Ainsi, on peut vérifier si les changements effectués dans l'insulinothérapie et l'alimentation sont adéquats. Avec le temps, le diabétique peut prévoir l'effet d'un exercice sur sa glycémie.

▶ **Est-ce qu'il y a d'autres précautions à prendre ?**

- Éviter l'injection d'insuline dans un site soumis à l'exercice.

- Avoir une source de glucides à la portée de la main pour traiter une éventuelle hypoglycémie.

- Prévenir l'entraîneur ou le professeur de sa condition et des mesures nécessaires pour prévenir et traiter l'hypoglycémie.

- Avoir toujours une pièce d'identité sur soi indiquant que l'on est diabétique.
- Bien s'hydrater : utiliser au besoin des boissons de réhydratation comme du Gatorade® ou du Allsport®. Elles contiennent à la fois du sucre, de l'eau et des sels minéraux. Attention : comme il y a du sucre dans ces boissons, il faut mesurer les quantités ingérées. La quantité de sucre est environ la moitié de celle qu'on retrouve dans un jus de fruits.

À retenir

L'exercice physique a de nombreux effets bénéfiques sur la santé. Il diminue les risques de maladies cardiovasculaires, d'obésité, d'hypertension, etc. De plus, les activités sportives de groupe peuvent aider à développer les habilités sociales de l'enfant. L'activité physique devrait être encouragée chez tout enfant, qu'il soit diabétique ou non. Même le simple fait de marcher ou de prendre sa bicyclette pour aller à l'école est une forme d'activité à encourager.

Diabète et maladies de l'enfant

▶ **L'enfant diabétique est-il plus souvent malade qu'un autre enfant?**

Non, l'enfant diabétique n'est pas plus souvent malade. À condition que le diabète soit raisonnablement bien contrôlé, son système immunitaire fonctionne très bien et ses blessures guérissent tout aussi bien.

On recommande le vaccin antigrippal pour éviter l'influenza (la grippe) qui risque de produire des vomissements et de fortes fièvres, ce qui peut déséquilibrer le diabète.

▶ **Est-ce que les maladies affectent le diabète?**

Oui. Toute maladie affecte l'équilibre glycémique et le diabétique doit prendre des mesures pour éviter un déséquilibre de son diabète.

Une maladie produit un stress qui se manifeste par une augmentation de la glycémie. Des doses supplémentaires d'insuline sont probablement nécessaires. Si le diabète se déséquilibre, ces ajustements sont obligatoires pour éviter une acidose.

Par ailleurs, la maladie modifie souvent l'appétit ou même s'accompagne de vomissements : il faut prendre des précautions pour éviter les hypoglycémies.

▶ **L'enfant diabétique peut-il prendre des médicaments autres que l'insuline ?**

En général, l'enfant diabétique peut prendre les mêmes médicaments que les autres enfants. Seuls quelques médicaments qui sont principalement à base de cortisone influencent la glycémie. Cependant, si la médication est nécessaire, elle doit être donnée et la dose d'insuline est ajustée en conséquence. La plupart des mises en garde sur les étiquettes des médicaments concernent les diabétiques de type 2. Le pharmacien est la personne ressource à consulter dans cette situation.

▶ **Que faire quand il est malade ?**

- Surveiller étroitement la glycémie et le test d'urine (au minimum toutes les quatre heures).

- S'assurer que l'enfant consomme suffisamment de glucides et de liquide : s'il a de la difficulté à s'alimenter, lui donner du jus ou un autre aliment glucidique, en petites quantités et souvent, pour maintenir la glycémie au-dessus de 4 mmol/L. Si l'enfant ne tolère même pas de petites quantités de liquide, il faudra probablement se rendre dans une salle d'urgence, car l'enfant aura besoin d'un soluté pour lui fournir les glucides nécessaires.

- Continuer l'insuline en adaptant les doses au besoin : surtout ne pas sauter de dose d'insuline.

- Si les glycémies sont élevées, plus de 15 mmol/L, ajouter de l'insuline à courte action. Se référer aux instructions reçues de l'équipe traitante.

- Si la glycémie est élevée et que l'urine montre la présence d'acétone, il y a risque de déséquilibre : les suppléments d'insuline sont alors absolument nécessaires. En l'absence d'instructions précises, communiquer avec l'équipe traitante.

- La situation est plus délicate si l'enfant vomit ou ne s'alimente pas. Il a besoin d'insuline, mais il y a risque d'hypoglycémie s'il ne réussit pas à prendre suffisamment de glucides. Diverses stratégies peuvent être utilisées. Au minimum, il doit recevoir l'insuline qui sert de base (insuline à action intermédiaire ou lente). Les doses d'insuline à courte action seront adaptées en tenant compte du niveau de glycémie et de la quantité de glucides ingérés : de petites doses fréquentes sont préférables.

- Si l'état de l'enfant est inquiétant, si sa glycémie ne peut être maintenue au-dessus de 4 mmol/L, s'il vomit plus de trois ou quatre fois, communiquer avec le médecin ou se rendre dans une salle d'urgence.

Si un enfant diabétique vomit, il ne faut pas conclure nécessairement à une gastro-entérite, surtout s'il ne présente pas de diarrhée. Les vomissements peuvent être le signe d'une acidose diabétique.

Supervision et autonomie

▸ **À quel âge un jeune diabétique peut-il s'occuper de son diabète ?**

L'enfant doit être impliqué dans la gestion de son diabète le plus tôt possible. Cette implication doit être modulée en fonction de son âge.

L'enfant est un être en évolution qui deviendra adolescent, puis adulte. Le rôle de ses parents est de le faire parvenir à l'âge adulte avec tous les outils nécessaires pour affronter sa vie. Il doit donc acquérir l'autonomie nécessaire. Cette autonomie doit être acquise dans toutes les sphères de la vie, incluant la gestion du diabète.

« Tu as maintenant 14 ans, tu es assez vieux pour t'occuper seul de ton diabète. » Une phrase que l'on entend parfois… Les parents doivent rester impliqués, à un certain niveau, à tous les stades de l'enfance et de l'adolescence ; ce serait une erreur de penser à transférer trop tôt au jeune la responsabilité totale de la gestion du diabète. Ils doivent, cependant, trouver le juste équilibre entre la supervision nécessaire et l'autonomie à développer.

▸ **Quel est le niveau de supervision ou d'autonomie auquel on s'attend ?**

Pour un enfant de moins de 3 ans

À cet âge, les parents doivent penser et agir pour l'enfant. Tous les gestes et actions sont faits par les parents. Il est important d'appeler les choses par leur nom et d'expliquer au jeune enfant, par exemple, qu'on doit lui faire une injection. Il faut accepter que l'enfant s'exprime par des pleurs. Il est du rôle du parent de le consoler avant de passer à une autre activité.

Pour un enfant entre 3 et 6 ans

À l'âge préscolaire, l'enfant commence à savoir ce qu'il veut et ce qu'il ne veut pas, et il se rend compte qu'il a un certain pouvoir sur son environnement. Il est plus prompt à se mettre en colère pour exprimer ses désirs. À cet âge, il a une idée assez précise de ce qu'il aime ou n'aime pas manger. Il est opportun de lui laisser un certain choix alimentaire, quitte à modifier la dose d'insuline en conséquence. Dès cet âge, il peut aussi participer à la prise des glycémies et même la faire lui-même sous la supervision des parents ! Les hypoglycémies étant le problème le plus fréquent, on peut dès cet âge lui faire connaître les symptômes d'hypoglycémie et la façon d'y réagir.

Pour un enfant entre 6 et 9 ans

C'est le début de l'école, ce qui peut rendre anxieux autant l'enfant que les parents. Il arrive souvent que la nourriture à l'école n'a pas un aussi bon goût que celle de maman. Il faut peut-être s'assurer qu'un adulte à l'école peut jeter un coup d'œil au jeune diabétique durant le repas et l'aider à ne pas oublier son injection si c'est le cas. À cet âge, l'enfant peut faire lui-même ses glycémies. Il doit avoir les connaissances suffisantes pour être assez autonome et savoir quoi faire si une hypoglycémie survient. Il peut, dès 8 ou 9 ans, apprendre comment faire ses injections d'insuline sous la supervision d'un adulte.

Pour un enfant entre 9 et 12 ans

C'est le bel âge, celui où l'enfant est très réceptif à tout type d'enseignement. Il faut profiter de cette période pour compléter l'enseignement technique qui permettra au jeune de pouvoir faire ses glycémies et ses injections d'insuline. Selon sa maturité et sa capacité de comprendre, il peut aussi recevoir l'enseignement requis pour apprendre progressivement à moduler son insuline en fonction de son alimentation ou de son activité physique.

À l'adolescence

L'enfant sort du « bel âge » pour entrer dans « l'âge ingrat » ! C'est la période où il acquiert graduellement son identité d'adulte. Cette identité ne se forge pas du jour au lendemain ; c'est pourquoi il agit parfois comme un adulte et d'autres fois comme un enfant !

Il doit acquérir cette autonomie par l'expérimentation, qui s'avère parfois heureuse et parfois difficile. Cette autonomie doit aussi s'accompagner de l'apprentissage de la responsabilité, aussi important que celui de la liberté.

Il est important, à cet âge, de lui laisser de plus en plus d'autonomie face à la gestion du diabète, même si cela peut s'avérer très difficile pour le parent qui a tout contrôlé jusqu'à présent. Il faut accepter que tout ne soit pas parfait et que l'adolescent commette des erreurs de parcours. C'est le rôle du parent d'aider le jeune à apprendre de ses erreurs et de corriger le tir. Cet apprentissage de l'autonomie ne sera pas sans générer une certaine dose d'anxiété chez le parent…

Ainsi, il faut probablement laisser à l'adolescent la gestion de ses insulines et de son carnet de glycémie, tout en se réservant des périodes pour rediscuter avec lui des actions qu'il a prises… ou n'a pas prises. Il faut s'entendre sur le degré d'autonomie souhaité en se rappelant que chacun doit mettre de l'eau dans son vin.

L'adolescence est une période de la vie où l'on doit encourager le jeune à entrer seul dans le bureau du médecin, quitte à ce que celui-ci voit les parents dans un deuxième temps. Il faut accepter que certaines informations puissent être retransmises aux parents et d'autres non, le jeune ayant droit à la confidentialité.

À l'adolescence, le jeune agit parfois comme un enfant. Quand cela se produit, les parents doivent, pour un certain temps, tenir les rennes de façon plus serrée. Lorsque le jeune omet ses doses d'insuline, il est nécessaire que les parents resserrent leur supervision.

▸ **Peut-il aller coucher chez un ami?**

L'enfant diabétique doit, dans la mesure du possible, vivre les mêmes expériences que tout autre enfant. Dès l'âge de 9 ou 10 ans, il peut aller coucher chez un ami; cela peut même constituer un incitatif à l'apprentissage des injections d'insuline. Naturellement, chez un préadolescent, il peut être opportun de contacter les parents de l'ami pour s'assurer que les doses d'insuline ne seront pas omises et pour donner brièvement certains conseils de sécurité advenant une hypoglycémie.

▸ **Peut-il participer à un camp scout,
à une classe verte…?**

Si l'enfant doit s'absenter durant plusieurs jours, voire des semaines, la question est plus délicate. Il faut s'assurer que l'enfant a l'autonomie voulue et que les adultes en charge de l'activité ont reçu les instructions appropriées pour assurer la supervision nécessaire et pour prendre les actions voulues en cas d'urgence. Les camps pour diabétiques sont des solutions privilégiées pour permettre à l'enfant de vivre une expérience de colonie de vacances. Il y a deux camps pour enfants diabétiques au Québec (voir la section **Pour en savoir plus et pour trouver de l'aide**, à la page 86).

Aspects psychosociaux

▶ Mon enfant pourra-t-il mener une vie normale ?

Oui. Le diabète et le traitement à l'insuline sont compatibles avec une vie normale. L'enfant peut se développer normalement, étudier, faire du sport, faire un métier ou exercer une profession, se marier, avoir des enfants... Tout cela reste possible. C'est cependant une maladie exigeante qui demande de la discipline et qui a des répercussions sur le fonctionnement de l'enfant et de sa famille.

▶ Quelles sont les conséquences du diabète sur la vie de la famille ?

Dans les premiers mois qui suivent le diagnostic, il est normal que les préoccupations en rapport avec le diabète et son traitement tendent à envahir la vie familiale. Le diabète bouleverse en effet toute la famille. Il faut consacrer du temps et de l'énergie au traitement. La prise en charge du diabète nécessite des changements plus ou moins importants dans les habitudes de vie de la famille et comporte une responsabilité qui peut mettre une pression importante sur les parents et sur la famille dans son ensemble.

Les parents doivent aussi composer avec les bouleversements émotifs que suscitent cette maladie et son traitement (tristesse, culpabilité, inquiétude, révolte, peurs, frustrations). Après une période d'adaptation, la famille retrouve généralement son équilibre. Si l'adaptation est difficile, il ne faut pas hésiter à demander de l'aide : l'équipe traitante est là pour aider les familles à composer avec le diabète.

▶ **Pourquoi les parents et le jeune doivent-ils suivre des cours sur le diabète ?**

Le traitement du diabète doit être pris en charge au jour le jour par le diabétique et sa famille.

C'est probablement la maladie chronique qui demande le plus d'engagement de la part de la personne diabétique, et le succès du traitement repose en grande partie sur les épaules de l'enfant et de ses parents. C'est cette responsabilité qui est la plus lourde à porter (bien plus difficile que les injections). Pour cela, le diabétique et sa famille doivent devenir des experts en diabète ; la meilleure façon d'y parvenir est de suivre une formation auprès de professionnels de la santé habitués au traitement du diabète chez l'enfant.

▶ **Qui doit prendre en charge le diabète ?**

Le traitement du diabète est un travail d'équipe. Au centre, se trouvent l'enfant diabétique et ses parents ; il est important que les deux parents s'impliquent dans les soins à l'enfant diabétique.

Lorsque les parents sont séparés, la gestion du diabète nécessite plus d'efforts de communication entre eux. Il faut alors se centrer sur le meilleur intérêt de l'enfant. Même si l'enfant ne visite un parent qu'une fin de semaine sur deux, celui-ci doit aussi acquérir des connaissances sur le traitement du diabète. Il est utile que les deux parents suivent les cours ensemble si c'est possible, afin d'assurer une cohérence dans la prise en charge. Il est important qu'ils soient présents tous les deux aux visites médicales.

L'équipe médicale comprend, d'abord, un médecin, une infirmière et une nutritionniste. Au besoin, une travailleuse sociale et un psychologue peuvent intervenir auprès de l'enfant et de sa famille.

Les autres membres de la famille, les grands-parents, les éducateurs et les professeurs ont également leur importance. Tous ceux qui sont amenés à s'occuper de l'enfant doivent avoir des notions sur le diabète et son traitement : c'est une question de sécurité pour l'enfant et de soutien essentiel pour la famille. Cependant, le rôle de ces intervenants n'est pas d'ajuster le traitement (en particulier l'alimentation), mais de suivre les recommandations transmises par les parents.

▸ Comment aider mon enfant diabétique sur le plan psychologique ?

Cette question est extrêmement importante et trop complexe pour qu'on puisse y répondre en quelques lignes. L'objectif du traitement n'est pas seulement d'avoir un contrôle glycémique serré pour éviter les complications, c'est aussi de permettre à l'enfant de se développer normalement, en particulier sur les plans émotif et psychosocial.

Grandir avec une maladie chronique n'est pas facile. L'enfant diabétique grandit et se développe en intégrant des connaissances et des expériences que d'autres enfants n'ont pas nécessairement. Il veut se sentir comme les autres, mais il est soumis à des contraintes multiples. Il faut lui inculquer l'importance de s'occuper de son diabète tout en préservant son accès au plaisir, à la spontanéité, à l'imaginaire et à tout ce qui lui permet de se développer le plus harmonieusement possible sur le plan affectif.

Permettez à l'enfant d'exprimer ses émotions, favorisez le développement de son estime de soi, ne ramenez pas toutes les discussions au diabète. Impliquez très tôt l'enfant en lui expliquant le diabète avec des mots appropriés. N'hésitez pas à discuter ces sujets avec les membres de l'équipe médicale (incluant une psychologue au besoin).

Pour aider l'enfant à vivre avec le diabète, il faut aussi que les parents prennent soin de leur propre santé et de leur équilibre émotionnel afin d'être disponibles pour aider leur enfant.

▸ **Comment aider les frères et sœurs ?**

Le diabète d'un enfant peut affecter ses frères et sœurs qui peuvent se sentir inquiets ou abandonnés par leurs parents accaparés à donner des soins à l'enfant diabétique. Ils peuvent se sentir frustrés par les changements dans les habitudes de vie familiale. Il est important de leur permettre d'exprimer leurs émotions sans chercher à se justifier ou à « faire comprendre ». Un bon climat de communication et des activités familiales agréables favorisent la solidarité entre frères et sœurs.

▸ **Comment prendre soin d'un enfant diabétique lorsque la situation est difficile sur le plan psychosocial ?**

À court terme et en période de crise, on doit assurer avant tout la sécurité du jeune diabétique.

C'est en période de crise que le jeune diabétique est le plus vulnérable. L'administration de l'insuline est l'élément du traitement le plus important et c'est aussi celui qui peut devenir le plus dangereux si on ne l'applique pas correctement. Si une situation de crise survient, toutes les doses d'insuline doivent être données sous la supervision directe d'un adulte responsable ; aucune dose ne doit être omise et la quantité d'insuline injectée doit être strictement contrôlée. En ce qui concerne l'alimentation, il faut se souvenir que pour un jeune diabétique, il est plus problématique de ne pas s'alimenter ou de sauter un repas que de manger trop ou de prendre quelques sucreries. Si une crise majeure amène un jeune à être temporairement placé en centre d'accueil, cela ne doit jamais se faire sans avoir d'abord transmis aux intervenants les renseignements de base concernant le diabète et son traitement. On doit s'assurer que toutes les personnes qui auront la charge du jeune savent comment prévenir, détecter et traiter les hypoglycémies et qu'elles connaissent les signes de déséquilibre du diabète.

▶ Comment prendre soin d'un enfant diabétique à l'école ?

L'enfant diabétique n'est pas différent d'un autre enfant du même âge. L'enseignant peut s'attendre à ce que son rendement scolaire soit aussi bon et qu'il participe à toutes les activités, comme les autres. Le diabète ne devrait jamais justifier des absences prolongées ou fréquentes.

Le principal problème à surveiller est celui des hypoglycémies qui peuvent survenir à tout moment. Les intervenants doivent apprendre à prévenir, détecter et éventuellement traiter les épisodes d'hypoglycémie (voir la section sur l'hypoglycémie). Chez l'enfant immature, le personnel doit s'assurer que les collations et les repas sont pris de façon adéquate. L'enfant doit être autorisé à corriger immédiatement une hypoglycémie en mangeant des glucides, qu'il soit en classe ou non. En collaboration avec les parents, des précautions doivent être prises lors de sorties ou d'activités spéciales.

Chez le jeune enfant, il est généralement nécessaire qu'un intervenant supervise les gestes techniques comme la mesure de la glycémie et éventuellement l'administration de l'insuline, mais celui-ci n'a pas à interpréter les résultats des tests ni à calculer les doses d'insuline. S'il remarque des anomalies dans les résultats glycémiques, son rôle consiste à en avertir les parents.

L'éducateur peut aussi remarquer les signes de déséquilibre du diabète : l'enfant urine fréquemment, boit beaucoup, a les yeux cernés, la bouche sèche ; il est important de signaler la situation aux parents. Si l'enfant vomit à plusieurs reprises, cela peut indiquer une situation potentiellement sérieuse (une acidose) ; les parents devraient être avertis sans délai ou l'enfant conduit à la salle d'urgence.

▶ **Le stress a-t-il une influence sur le diabète ?**

Le stress ne cause pas le diabète, mais il peut rendre le contrôle glycémique plus difficile. Le stress est associé à la production d'hormones comme l'adrénaline qui rendent le corps plus résistant à l'insuline. Les doses d'insuline devront être réajustées en conséquence. Tout aussi important est le fait que la personne stressée est souvent distraite par ses problèmes et n'accorde pas toute l'attention qu'il faut au traitement du diabète.

▶ **Quel est l'effet des drogues, de l'alcool et du tabac sur le diabète ?**

L'alcool, les drogues et le tabac sont aussi dommageables pour le jeune diabétique que pour tout autre jeune. De plus, l'excès d'alcool peut provoquer des hypoglycémies graves.

Les drogues n'ont pas d'effets spécifiques sur le diabète, mais elles sont souvent accompagnées d'une certaine négligence face au traitement.

Le tabac est certainement l'une des pires drogues : en plus de provoquer les complications pulmonaires que l'on sait, il augmente le risque des complications microvasculaires et macrovasculaires du diabète.

Pour en savoir plus et pour trouver de l'aide

Au Québec

CENTRES D'ENSEIGNEMENT POUR ENFANTS DIABÉTIQUES

Les centres d'enseignement pour enfants diabétiques offrent de la formation sur le diabète. Au Québec, les principaux sont le CHU Sainte-Justine, l'Hôpital de Montréal pour enfants, le Centre hospitalier de l'Université Laval et le Centre hospitalier universitaire de Sherbrooke.

FONDATION POUR ENFANTS DIABÉTIQUES

785, ave. Plymouth, bureau 210
Mont-Royal (Québec) H4P 1B3
http://diabetes-children.ca/fr
Tél. : 514 731-9683

CAMP CAROWANIS

785, ave. Plymouth, bureau 210
Mont-Royal (Québec) H4P 1B3
http://diabetes-children.ca/fr
Tél. : 514 731-9683

CAMP POUR ENFANTS DIABÉTIQUES DE L'EST DU QUÉBEC

11, rue Crémazie Est, Québec (Québec) G1R 1Y1
Tél.: 418 523-6159
www.cedeq.org

En France

L'AIDE AUX JEUNES DIABÉTIQUES

9, avenue Pierre de Coubertin
75013 Paris
www.adj-educ.org
www.diabete-france.net

En Belgique

ASSOCIATION BELGE DU DIABÈTE

Place Homère Gossens 1
info@diabete-abd.be
www.diabete-abd.be

En Suisse

ASSOCIATION SUISSE DU DIABÈTE

Rütistrasse 3 A
CH-5400 Baden
sekretariat@diabetesgesellscchaft.ch
www.associationdudiabete.ch

Livres et autre site

GEOFFROY, Louis et Monique GONTHIER. *Le diabète chez l'enfant et l'adolescent.* Éditions du CHU Sainte-Justine, 2003.

LANOUETTE, Monique et autres. *La petite histoire de Léon : pour mieux comprendre le diabète.* Éditions du CHU Sainte-Justine, 2007.

www.glucomaitre.com

Valeur comparative des unités
de mesure de la glycémie

Millimoles mmol / L	Milligrammes mg / dl	Grammes g / L
1	18	0,2
2	36	0,4
3	54	0,5
4	72	0,7
5	90	0,9
6	108	1,1
7	126	1,2
8	144	1,4
9	162	1,6
10	180	1,8
11	198	2,0
12	216	2,2
13	234	2,3
14	252	2,5
15	270	2,7
16	288	2,9
17	306	3,1
18	324	3,2
19	342	3,4
20	360	3,6
25	450	4,5
30	540	5,4
35	630	6,3

DANS LA MÊME COLLECTION

Que savoir sur l'estime de soi de mon enfant?
Germain Duclos

Que savoir sur la sexualité de mon enfant?
Frédérique Saint-Pierre et Marie-France Viau

Que savoir sur mon ado?
Céline Boisvert

Que savoir sur le développement de mon enfant?
Francine Ferland

Le jeu chez l'enfant
Francine Ferland

Les devoirs et les leçons
Marie-Claude Béliveau

Sources mixtes
Groupe de produits issu de forêts bien
gérées, de sources contrôlées et de bois
ou fibres recyclés
www.fsc.org Cert no. SGS-COC-003885
© 1996 Forest Stewardship Council
FSC

Achevé d'imprimer en mars 2009
sur les presses de l'imprimerie
LithoChic inc.
à Québec

ASSOCIATION
NATIONALE
DES ÉDITEURS
DE LIVRES

Membre de l'Association nationale des éditeurs de livres